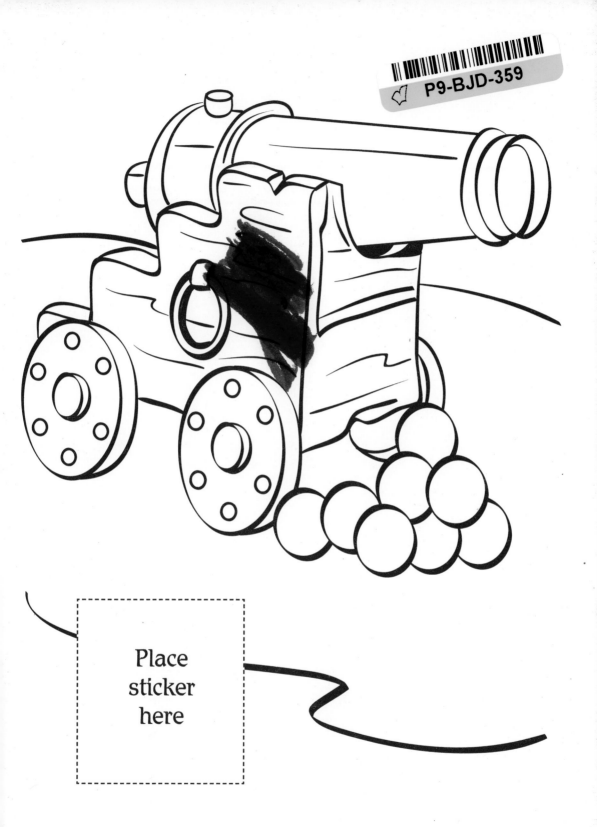

Place
sticker
here

CANNON

Place
sticker
here

BLACKBEARD

Place
sticker
here

CROWS NEST

Place
sticker
here

ISLAND

COMPASS

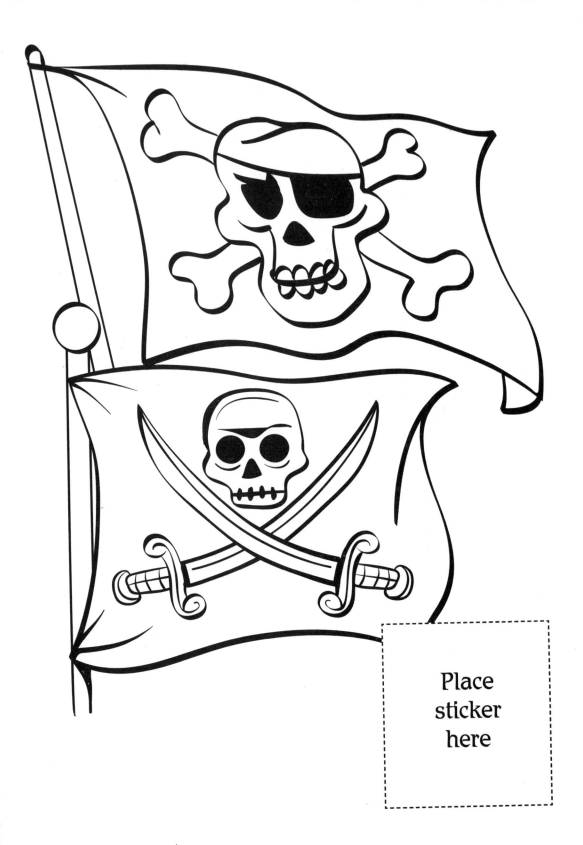

Place
sticker
here

FLAGS

ARRRRHHH!

Place
sticker
here

PIRATE

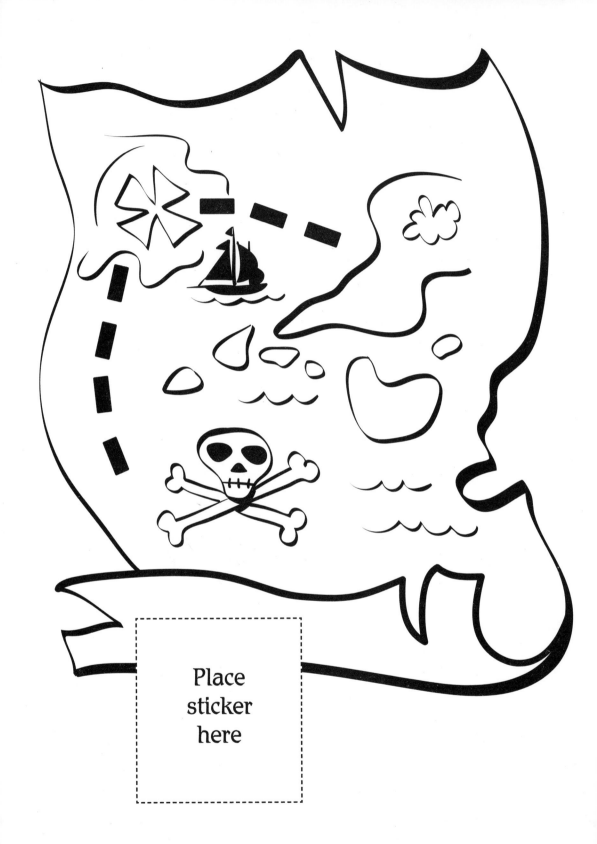

TREASURE MAP

Place sticker here

CAPTAIN HOOK

Place
sticker
here

PARROTS

Place
sticker
here

SWORD FIGHT

Place
sticker
here

TELESCOPE

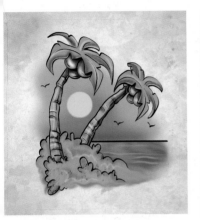

extra sticker

extra sticker

extra sticker

extra sticker

Place
sticker
here

PIRATE SHIP

Place
sticker
here

BLUEBEARD

Place
sticker
here

PALM TREES

Place
sticker
here

SHIP BATTLE

Place
sticker
here

PEG LEG

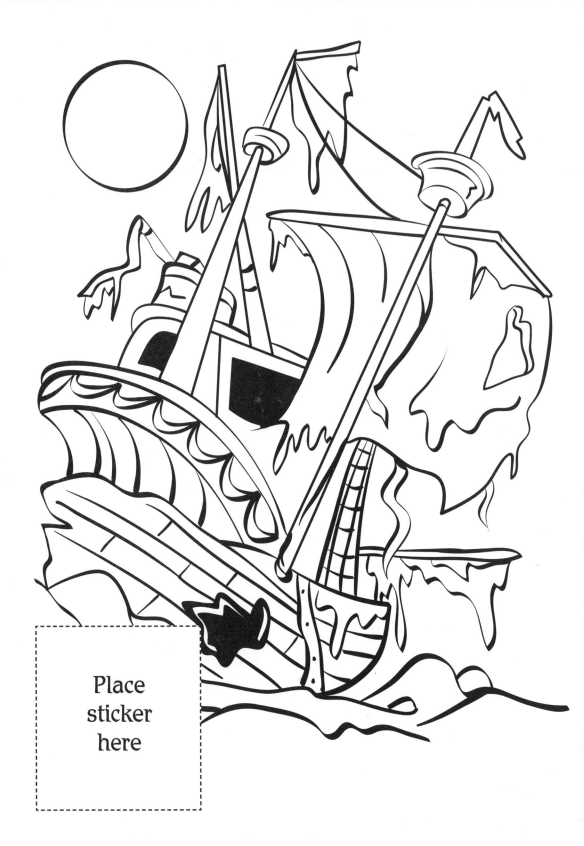

Place sticker here

SHIP WRECK

Place
sticker
here

TREASURE CHEST

Place
sticker
here

WALK THE PLANK

CONNECT THE DOTS

START

FINISH

MAZE

WORD SEARCH

```
E M S O D U C Y E S H N S E Y
R U C E R U A A W T I S R L L
U T H E A O K O V A A U Y O E
S I E K E R R J T E T R N P P
A N S K B D O P E N S G I E T
E Y T Y K X A B E W J P G P E
R E X F C C S V B O E L A I R
T Y I B A R D S H E E L R M C
P E N F L A L N A G R X S L E
I P U Q B N O T E L E K S U S
H A Y C A R I P N J G D L O G
S T F I R S T M A T E Y V T O
X C F O R T U N E L I N P D P
O H S I L V E R E K Q F B S L
Q H Y R N Z C T W Q H A S D Q
```

ADVENTURE BLACKBEARD CAPTAIN CAVES CHEST EYEPATCH FIRST MATE
FORTUNE GOLD JEWELS LONGJOHN MAPS MUTINY PEGLEG PIRACY PIRATE
SEA ROBBER SECRET SHIP SILVER SKELETON SPYGLASS SWORD TREASURE

Pirate Terms Match-Up Game

____ Shiver me timbers!

A. Used to hail a ship or person to attract attention

____ Blimey

B. Wooden or metal poles used to support sails and rigging

____ Mast

C. Short for after. Toward rear of ship

____ Ahoy

D. Sociable, friendly greeting

____ Prow

E. A deceitful scoundrel

____ Starboard

F. The arrangement of masts, spars & sails on a ship

____ Aft

G. The "nose" of the ship

____ Landlubber

H. Used to express frustration

____ Scallywag

I. Black flag with skull and crossbones

____ Matey

J. A person on their first voyage

____ Booty

K. To be forced to walk up plank to side to ship and then go overboard

____ Jolly Roger

L. Goods or property seized by force

____ Walk the Plank

M. A tall vertical spar that supports the sails

____ Buccaneer

N. The right side of the ship facing the prow

____ Rigging

O. A robber at sea, a pirate

____ Spars

P. An expression of surprise